NLP Akademie

Wie das Unterbewusstsein Ihr komplettes Leben beeinflusst

(NLP für Anfänger)

ApoXT

Disclaimer

Alle Rechte vorbehalten

Dieses Werk ist urheberrechtlich geschützt. Die Übersetzung und Vervielfältigung dieses Werkes oder Teile des Werkes sind ohne die ausdrückliche Zustimmung des Autors untersagt. Alle Quellen und Studien, die zur Erstellung dieses Buches herangezogen wurden, wurden vorher ausgiebig überprüft und als für qualitativ hochwertig befunden. Dennoch erfolgt die Umsetzung der darin vorgestellten Methoden auf eigenes Risiko und muss vorher juristisch und staatlich abgeklärt werden. Der Verlag und der Autor können weder Haftung für Personen-, Sach- oder Vermögensschäden übernehmen, noch für die Richtigkeit und Aktualität der hier drin enthaltenen Informationen garantieren. Beachten Sie das der Inhalt dieses Werkes auf der persönlichen Meinung des Autors basiert, zum Unterhaltungszweck dient und nicht mit medizinischer Hilfe gleichgesetzt werden darf. Eine Garantie für das Erreichen der Ziele wird weder vom Autor, noch vom Verlag übernommen. Des Weiteren enthält dieses Buch Links zu anderen Webseiten, auf deren Inhalt wir keinen Einfluss haben und damit keine Gewähr übernehmen können. Bei der Erstellung dieses Buches konnten keine Rechtsverstöße verlinkter Webseiten entdeckt werden.

Über den Autor

www.ApoXT.de
Lifestylecoach und Autor

Rückblick: 18 Jahre jung, ziellos und unglücklich

ApoXT spezialisiert sich als Coach auf positiven Lebenswandel - so glücklich, wie es heute den Anschein macht, war er allerdings nicht immer. So konnte er sich in der Zeit nach dem Abitur nur leidlich über Wasser halten. Den „klassischen Weg zum Glück" lehnte er von klein auf ab. Auf der Suche nach seinem richtigen Weg scheiterte er oftmals, war zutiefst unzufrieden und verfiel in Depressionen.

Seine Situation änderte sich, als er einen Job in einer Eventagentur fand, die in zahlreichen Ländern der Welt, beispielsweise den USA, Australien und Spanien, vertreten war. Indem er für dieses weltweit agierende Unternehmen arbeitete, kultivierte er unglaubliche soziale Fähigkeiten, analysierte seine Gedankengänge und Verkaufsfähigkeiten und konnte so schließlich auch anderen Leuten bei ihren Problemen helfen. Diese Zeit bildet den Grundstein seiner Lehren: Soziale Freiheit und ein durchweg positiver und einfallsreicher Geist sollen zu innerer Kraft und einer erfinderischen Weltanschauung führen. So kam er mit NLP in Verbindung und entwickelte sich schnell zu einem nachgefragten Lehrer.

Inhalt

Vorwort

„NLP is modeling of excellence!"

- John Grinder (amerikanischer Psychologe)

NLP für Verkäufer, NLP für Beamte, NLP für Lehrer – überall stolpern wir über diese drei Buchstaben – doch was möchten sie uns vermitteln?

Oftmals wird das Konzept von NLP (Neurolinguistisches Programmieren) missverstanden. Metaphorisch lässt es sich als einen Werkzeugkoffer für die Kommunikation mit sich selbst (interne Prozesse) und mit Mitmenschen (externe Prozesse) beschreiben.

Der 1975 von den amerikanischen Psychologen Richard Bandler und John Grinder im Rahmen des Human Potential Movements begründete Begriff steht für erfolgreiche Kommunikation und innere Transformation und beschreibt ein System klar definierter Fähigkeiten und Techniken für praktische Anwendungsbereiche.

Was treibt uns als Person an?
Was führt uns in unserem Leben?
Welche Prozesse verlaufen unbewusst in unserem Körper?

NLP ist nichts Käufliches: NLP ist alles, was wir denken, fühlen und erleben. Der Begriff beschränkt sich nicht nur auf konkrete Erlebnisse, sondern umfasst auch Denkprozesse und lässt sich somit auf alle Bereiche des Lebens anwenden.

KERNKOMPETENZEN DES NLP

Effektive Komunikation

- Vertrieb
- Freundschaft
- Führung

Selbstmanagement und Selbstverwirklichung

- Selbstbewusstsein
- State
- Denkprozesse

Positive Lebensführung

- Beziehung
- Teamorganisation

Veränderungswerkzeug für mentale Kontrolle

Optimist, Realist oder NLP?

Heutzutage wird NLP in allen Bereichen des Coachings und der Psychotherapie eingesetzt: Alle Berufsgruppen, die sich mit Kommunikation, Lernen und Veränderung beschäftigen, nutzen NLP in Ihrer täglichen Arbeit – meist jedoch unbewusst. Jeder kann sich Neurolinguistisches Programmieren zu Nutze machen und durch die Integration in privates und berufliches Leben profitieren. Indem Sie sich die Grundkenntnisse von NLP aneignen, können Sie sich eigenen mentalen Abläufen bewusst werden und diese effizient nutzen.

Was ist NLP?

Neurolinguistisches Programmieren

Neuro

[Wahrnehmung mit Hilfe der Sinnesorgane und Weiterverarbeitung im Gehirn und im Nervensystem]

Neurologie beeinflusst Ihr Denken und Vorstellungsvermögen. Dabei unterteilt man das Erleben der Welt durch unsere fünf Sinne:

- Sehen

- Hören

- Fühlen

- Riechen

- Schmecken

Im Laufe der Zeit entwickelt jeder Mensch eine eigene mentale Filteranlage, sodass jedes Individuum die Welt verschieden wahrnimmt. Jedes Ereignis wird von unterschiedlichen Menschen durch eine anders ausgelegte subjektive Wahrnehmung unterschiedlich wahrgenommen. Alle Informationen, die wir täglich über unsere Sinne wahrnehmen, werden durch Ihr selbst konditioniertes Sieb gefiltert. Vergleichen Sie dies mit der Rezeptur eines Kuchens: Sie vermischen zwar immer dieselben Zutaten in einer Schüssel, doch Ihre Herangehensweise (Mixen, Temperatur, Luftfeuchtigkeit) wird sich auf den Geschmack Ihres Kuchens auswirken.

Linguistisch

[Verbale und nonverbale Kommunikation]

Hierbei wird auf die Sprache eingegangen, die Sie gebrauchen, um mit sich selbst (intern) und mit anderen (extern) zu kommunizieren.

Programmieren

[Verändern von Denk- und Verhaltensmustern]

Ihr „Programm" umschließt den Inhalt Ihrer Gedanken, also *was* Sie denken. All Ihre Überzeugungen und Glaubenssätze haben ihren Ursprung im Gehirn und in   Ihrer Denkweise, welche im Laufe Ihrer persönlichen Entwicklung entstanden ist. Zum größten Teil wurde dies von außen bedingt (durch Eltern, Freunde, Lehrer, Bekannte, Medien), ohne dass Sie viel Einfluss darauf nehmen konnten. Des Weiteren wird Ihr „Programm" durch ständige Wiederholung und Emotionen eingeprägt. Daraus können wir folgern, dass unser gesamtes Denken von der Vergangenheit beeinflusst wird.

Als kleines Kind wussten Sie nicht, was richtig und was falsch ist. Sie passten sich Ihrem Umfeld an und lernten so, sich „richtig" zu benehmen. Beispielsweise empfanden Sie es als erschreckend, wenn Ihre Eltern von Ihnen enttäuscht waren.

Aus der Anwendung dieser Tatsache folgt nun eines der hilfreichsten Erkenntnisse, die Sie erlangen können: Wenn im jungen Alter die Beschaffenheit Ihrer „inneren Karte" von anderen Menschen konditioniert werden konnte, was Sie tun und was Sie unterlassen sollten, dann kristallisiert sich aus diesem Umstand die Möglichkeit, Ihr Schicksal nun selbst in die Hand zu nehmen und Ihr Denken nach Ihren Vorstellungen neu zu konstruieren.

Zusammenfassung

Neurolinguistische Programmierung zeigt die fundamentale Dynamik zwischen Geist (neuro) und Sprache (linguistisch) und wie sich das Zusammenspiel dieser Komponenten auf unseren Körper und unser Denken auswirkt (Programmierung).

Hintergrundgeschichte

Hauptbegründer Richard Bandler immatrikulierte sich 1970 als 20-jähriger Student an der University of California in Santa Cruz für Psychologie. Die Kommilitonen Frank Pucelik und Richard Bandler befreundeten sich schnell und stellten erste Überlegungen zu erfolgreichem Denken und Verhalten an, welche daraufhin von John Grinder aufgegriffen wurden. Grinder war Ende seiner zwanziger Jahre Professor für Linguistik an einer der angesagtesten Universitäten von Amerika. Schon bald entwickelte sich NLP aus der „Verhaltensmodellierung" dieser drei Personen. Mithilfe Grinders sprachlicher Fähigkeiten und Bandlers kreativem Genie konnten erfolgreiche Therapiekonzepte „modelliert" und gründlich analysiert werden. Bandler, Pucelik und Grinder analysierten Schriften und Tonaufnahmen, um den Gründen für den Erfolg bestimmter Therapien auf die Spur zu kommen.

Neue Ideen, Einsichten und Techniken erprobten sie mit Freunden aus dem psychologischen und therapeutischen Feld; diese beteiligten sich bald an der Weiterentwicklung der Erkenntnisse. NLP entwickelte sich im Dunstkreis einer stetig wachsenden, begeisterungsfähigen und hoch kreativen Gruppierung.

Aus dieser Zeit stammen viele Methoden, die heutzutage immer noch Teil von guten Practitionern und Master Trainern sind, wie beispielsweise Verankerung, Sinneswahrnehmungen und Kalibrierung, Reframing, Repräsentationssysteme und die beiden Sprachmodelle sowie viele der persönlichen Veränderungstechniken wie der neue Verhaltensgenerator und das Ändern der persönlichen Geschichte.

Die Produktivität der Bewegung in den ersten Jahren von 1971 bis 1976 ist erstaunlich. Sie entwickelte neue Ideen und Einsichten, experimentierte mit diesen neuen Einsichten, führte informelle Workshops durch und verfasste verschiedene Werke, die bis heute die Grundprinzipien des NLP verkörpern:

- The Structure of Magic, Vol. 1: A Book About Language and Therapy

- The Structure of Magic, Vol. 2: A Book About Communication and Change

- Patterns of the Hypnotic Techniques

Nach 1980 trennten sich Grinder und Bandler und konzentrierten sich jeweils auf ihre eigene Arbeit. Bald wurde NLP nicht mehr nur als Mittel zur Erleuchtung vermarktet, sondern als eine Möglichkeit, mehr Macht im eigenen Leben zu übernehmen und Macht über andere zu haben - NLP wurde nun in Form von Coachings an Menschen verkauft.

Seit der Trennung der Hauptinitiatoren der Bewegung Grinder und Bandler wurde der Begriff NLP in seiner Definition diffuser. Vorerst gab es nur NLP – daraus entwickelten sich die Theorien von Bandler und die Theorien von Grinder. Bald folgte Lesley Cameron und Tony Robbins. Immer mehr selbsternannte NLP-Coaches ließen eigene Techniken miteinfließen.

NLP entwickelte sich erfolgreich weiter und legt heutzutage eine unheimliche Vielfalt an den Tag. Jede Technik geht von unterschiedlichen Grundannahmen aus, die erfolgreiche Therapien und Coachings ermöglichen sollen. Diese Grundannahmen kristallisierten sich in den Anfangszeiten heraus – im Folgenden sollen die Wichtigsten genannt werden:

Grundannahmen zum menschlichen Verhalten

1. Menschen reagieren nur auf ihre subjektiven Erfahrungen und Auffassungen, nicht auf die Realität selbst.

Sie wissen nicht genau, wie die Realität wirklich aussieht. Ihre Sinne, Ihre Überzeugungen und Ihre vergangenen Erfahrungen geben Ihnen eine Karte der Welt, mit welcher Sie Ihr Leben führen. In gewissen Situationen können andere Auffassungen der Welt (und somit eine andere „Karte") hilfreicher sein. NLP könnte als die Kunst beschrieben werden, diese Karten auszutauschen und Ihnen dadurch mehr Freiheit in Ihren Handlungen zu gewähren.

Beispiel: Eine Frau hat jedes Mal beim Betreten Ihrer Haustüre höllische Angst davor, von Spinnen angegriffen zu werden. Sie stellt sich auf dem Nachhauseweg immer wieder vor, dass die Spinnen nur darauf warten, bis sie zurückkommt. Ist Ihre Karte bzw. Ihre Programmierung die *nützlichste* Denkweise?

2. Menschen besitzen keine schlechten Absichten.

Sind Sie schon einmal mit der Absicht aufgewacht, im Laufe des Tages einen Streit anzuzetteln oder jemanden absichtlich zu verletzen? Obwohl wir uns das meistens nicht vornehmen, entstehen oftmals ungewollte und unbeabsichtigte Auseinandersetzungen.

3. Menschen „funktionieren" alle perfekt, nur manchmal in die falsche Richtung.

Sie führen Ihre Karte perfekt aus – kein Mensch ist falsch oder „kaputt". Allerdings können Ihre Strategien und Absichten uneffektiv und schlecht designt sein und Sie so oftmals in die falsche Richtung führen.

4. Menschen werden zu 90% von ihrem Unterbewusstsein kontrolliert.

Das Unbewusste schließt alles ein, was nicht im aktiven Bewusstsein ist. Unsere Sinne nehmen bis zu 2.000.000 Bits Informationen pro Sekunde auf, wovon lediglich nur 134 pro Sekunde verarbeitet werden können. Somit ist es notwendig, dass unser aktives Bewusstsein die wichtigsten Informationen filtert. Oftmals wandern unverarbeitete vergangene Ereignisse ins Unterbewusstsein und wir tragen diese ein Leben lang mit uns mit und werden von diesen indirekt kontrolliert und veranlasst, in manchen Situationen weniger nützlich zu denken und zu agieren.

5. Menschen besitzen bereits alle Ressourcen, die sie für ein erfolgreiches Leben brauchen.

Es gibt keine einfallslosen Menschen, es gibt nur einen einfallslosen Geisteszustand. Sobald Sie Zugang zu einem erfinderischen Geisteszustand erlangt haben, indem Sie die richtige Karte benutzen, verändert sich Ihre Weltanschauung und Ihr Denken. Jedes Gehirn besitzt die Kapazität für ein erfolgreiches und glückliches Leben, welche jedoch im Laufe der Zeit von einem Schleier umhüllt wurde. Dies kann durch eine Neuprogrammierung des Gehirns rückgängig gemacht werden: Somit wird durch NLP nicht der Prozess des Dazulernens unterrichtet, sondern ein Prozess, falsche und sinnlose Gedanken abzulegen und sich von diesen zu befreien.

6. Verstand und Körper eines Menschen bilden ein System.

Ihr Verstand und Ihr Körper interagieren und beeinflussen sich gegenseitig. Es ist nicht möglich eines zu ändern, ohne dass das andere mitbeeinflusst wird. Wenn wir anders denken, wird sich unser Körpergefühl ändern. Wenn wir anders handeln, ändern wir auch unsere Gedanken und unsere Gefühle. Dieser Prozess wird in den folgenden Kapiteln genauer beschrieben.

Vergangene Erfahrungen und ihre Bedeutung für die Zukunft

Ihre subjektive Wahrnehmung unterscheidet sich weitgehend von einer objektiven Welt:

Die Erlebnisse, die Sie heute durchleben, wirken sich auf die Resultate der Zukunft aus. Glücklicherweise ist das Erlebnis beziehungsweise die Erfahrung hierbei weniger entscheidend für Ihre zukünftigen Resultate, sondern viel mehr die Bedeutung, die Sie einer Sache geben. Daraus entsteht Ihre emotionale Antwort darauf und Ihr Verhalten ändert sich. Wie Sie die Bedeutung einer Erfahrung ändern und somit bessere Resultate erzielen, erfahren Sie in den folgenden Kapiteln.

Das Werkzeug für hundertprozentige Kontrolle über Ihr Leben

„Ich werde dir jetzt was sagen, was du schon längst weißt: Die Welt besteht nicht nur aus Sonnenschein und Regenbogen. Sie ist oft ein gemeiner und hässlicher Ort. Und es ist ihr egal, wie stark du bist - sie wird dich in die Knie zwingen und dich zermalmen, wenn du es zulässt. Du und ich - und auch sonst keiner - kann so hart zuschlagen wie das Leben! Aber der Punkt ist nicht der, wie hart einer zuschlagen kann, es zählt bloß, wie viele Schläge man einstecken kann und ob man trotzdem weitermacht. Wie viel man einstecken kann und trotzdem weitermacht - nur so gewinnst du. Wenn du weißt, was du wirklich wert bist, dann geh hin und hol es dir. Aber nur, wenn du bereit bist, die Schläge dafür einzustecken! *Aber zeig nicht mit dem Finger auf andere und sag du bist nicht da, wo du hinwolltest, wegen ihm oder wegen ihr, oder sonst irgendjemandem. Schwächlinge tun das und das bist du nicht - DU bist besser!*“

„Rocky Balboa“ (2006)

Dieses Filmzitat haben Sie wahrscheinlich schon einmal gehört. Es stammt aus dem Film „Rocky Balboa", welcher vom Regisseur und Hauptprotagonist Sylvester Stallone gedreht wurde. Stallone ist ein perfektes Beispiel für erfolgreich programmiertes Denken. Ursprünglich stammt dieses Zitat aus seinem eigenem Leben im Jahre 1971, als er noch am Anfang seiner Karriere stand und kein Filmregisseur mit ihm kooperieren wollte. Er war so arm, dass er seinen Hund Butkus, seinen damals besten Freund, für $40 verkaufen musste, um zu überleben:

„Alte Erinnerungen sind die wundervollsten Lektionen. Als ich 26 Jahre alt war und komplett pleite und sich absolut nichts tat, ich zwei Paar Hosen besaß, die kaum passten und Schuhe mit Löchern, waren Träume vom Erfolg so weit weg wie die Sonne selbst. Ich hatte meinen Hund Butkus, meinen besten Freund, meinen Vertrauten, der immer über meine Witze lachte und mit meinen Stimmungsschwankungen zurechtkam. Er war das einzige Lebewesen, das mich so liebte, wie ich bin..." - Sylvester Stallone

Stallone übernahm damals völlige Verantwortung für die Situation und versuchte ausgehend von dieser, sein Leben zu verbessern. Sie können sich sicherlich vorstellen, wie hart und anstrengend die Situation für ihn war. Trotz dieser aussichtslosen Situation kämpfte er sich an die Spitze der Filmcharts und wurde zu einem der bestbezahltesten Schauspieler der Welt. Auch wenn es manchmal hart erscheint, müssen Sie die völlige Verantwortung für alle Bereiche in Ihrem Leben übernehmen – sei es beruflich oder privat. Unabhängig von Ihrer Situation, in der Sie sich momentan befinden, müssen Sie akzeptieren, dass der aktuelle Moment ein Resultat Ihrer Gedanken und Ihres Handelns ist.

Ich weiß, was Sie nun denken: Oftmals gibt es Ereignisse, die außerhalb Ihrer Kontrolle liegen.

Das mag im ersten Moment stimmen, jedoch können Sie sich dazu programmieren, diesem Ereignis eine positive Bedeutung zuzuschreiben, was sich in positiveren Emotionen, einem hilfreichen Verhalten und besseren Resultaten widerspiegelt.

Es kommt nicht drauf an, was in Ihrem Leben passiert, sondern welche Bedeutung Sie diesem Ereignis geben. Durch diesen einfachen Gedankenwechsel besitzen Sie die völlige Verantwortung für Ihr Leben. Oftmals fällt es uns leichter, Probleme außerhalb zu beschuldigen, wie beispielsweise Ihre Freunde, Ihre Mitarbeiter, Ihren Chef oder die Wirtschaft. Doch wir vergessen dabei, dass wir selbst meistens das Problem sind.

„Das ist 100% meine Schuld und meine Verantwortung!"

Resultat = Erlebnis + Ihre Antwort auf das Erlebnis

Sie alleine sind der Kapitän Ihres Lebens und Sie alleine können hundertprozentige Verantwortung übernehmen. Manche Dinge können Sie nicht verändern, doch Sie können *jederzeit* Ihre Antwort auf ein Ereignis ändern. Folglich entstehen durch das Verändern Ihrer Gedanken komplett neue Ergebnisse:

KREISLAUF EINES GEDANKEN

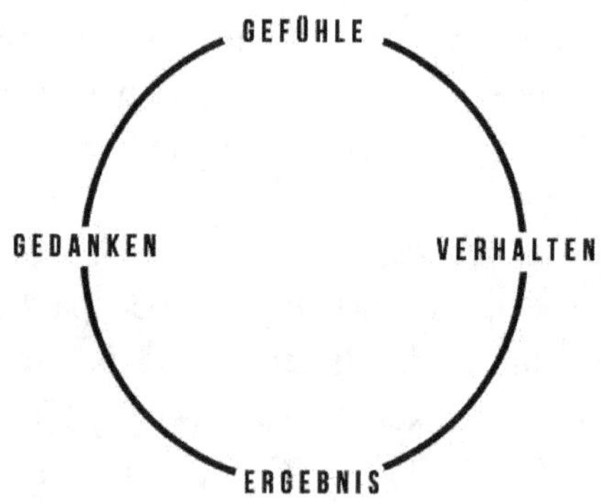

Erste Begegnungen mit negativen Gefühlen (am Beispiel von Zurückweisung)

Jeder Mensch wird sehr früh mit ersten negativen Erlebnissen in der Kindheit konfrontiert, wobei er diese nicht richtig einschätzen kann. Oftmals ist er dafür noch nicht bereit und verarbeitet diese Erlebnisse falsch, was sich im Laufe unseres Lebens in unserer Entwicklung auswirkt. Im Folgenden wird am Beispiel von Zurückweisung bzw. Ablehnung diskutiert, wann und wo wir das erste Mal damit in Berührung kamen und wie sich dies auf unsere Entwicklung auswirkt.

Eine Schulgeschichte

Sie sind jung, sorglos und voller Energie – und darüber hinaus um 6 Uhr morgens schon wach. Sie stürmen in das Zimmer Ihrer Eltern und wollen mit ihnen spielen, doch sie schlafen noch und zeigen als Reaktion auf das Aufwecken eine erzürnte Reaktion. Sie verlassen das Zimmer traurig.

Grundschule: Die Zeit schreitet weiter voran. Sie verlieben sich in das andere Geschlecht, werden jedoch nicht beachtet. Bei Ihren ersten misslungenen Annäherungsversuchen erhalten Sie eine negative Reaktion. Das Gefühl von Ablehnung intensiviert sich langsam.

Sie lernen Tag und Nacht zu Hause, um die anstehende Prüfung erfolgreich abzuschließen. Sie vernachlässigen dabei Hobbys und Freunde. Schlussendlich stehen Sie unter Druck: Ihre Lehrer erwarten eine gute Note von Ihnen und Ihre Eltern machen gute Noten stolz. Prüfung geschrieben. Resultat: Schlecht abgeschnitten: Wie sollen Sie das im jungen Alter richtig verarbeiten?

Im Schulsport hoffen Sie auf Ablenkung, doch werden von allen Mitschülern zuletzt ausgewählt.

Sie gelangen in eine Abwärtsspirale und verlieren immer mehr den Anschluss an Ihre Mitschüler.

Das sind Ereignisse, die Kinder im frühen Stadium Ihrer Entwicklung mental beschädigen können und so Leiden verursachen. Jede Erfahrung stützt einen Glaubenssatz in Ihrem Leben, welcher sich in Ihrem Unterbewusstsein festgesetzt hat. Heutzutage scheint Ihnen eine schlechte Prüfung in der Grundschule weniger wichtig zu sein, doch wie haben Sie sich damals gefühlt und was haben Sie damals erlebt?

Entwickeln Sie „Self-Awareness":
Dieser Begriff stammt aus dem Englischen und beschreibt eine verstärkte Selbstwahrnehmung und Analyse Ihrer Gefühle und Gedanken. Woher stammen diese und was waren ihre Auswirkungen? Oftmals sind es minimale Ereignisse, welche Sie in Ihrer Kindheit nicht richtig verarbeiten konnten und die Sie ein Leben lang unterbewusst mit sich mitschleppen.

Exkurs: Wie kleinste Ereignisse Ihre Wahrnehmung komplett verändern

Haben Sie schonmal die Erfahrung gemacht, dass Sie sich ein neues Kleidungsstück zugelegt haben, welches Ihnen überragend gefallen hat? Ein paar Reaktionen Ihrer Freunde, welchen die Jacke nicht gefällt, lassen Sie an Ihrer noch so geliebten Jacke zweifeln. Nun stellen Sie sich die gleiche Situation als Kind vor. Ihr Verhältnis zu einer Sache oder zu sich selbst kann sich ziemlich schnell durch äußere Einflüsse verändern und Ihre komplette Wahrnehmung beeinflussen.

Beispiel:

Ein Mann sitzt in der Bahn und liest seine Zeitung. Gegenüber setzt sich ein Familienvater mit seinen zwei Kindern. Schnell wird der lesende Mann vom Lärm der Kinder gestört. Diese rennen durch das Abteil, springen, schreien und lachen. Wütend entgegnet der lesende Mann dem Vater, wieso er nicht seine Kinder richtig erzieht und weshalb sie nicht ruhig sitzen können, woraufhin dieser antwortet: „Es tut mir leid, wir kommen gerade von der Beerdigung meiner Frau, wir sind alle ein wenig aufgewühlt und ich weiß nicht, was ich meinen Kindern im Moment sagen soll.“

Können Sie sich vorstellen, wie schnell sich die Wahrnehmung, das Denken und die Aktionen des Mannes veränderten? Vor ein paar Sekunden noch völlig erzürnt, schämt er sich nun für seine Worte.

Ihre Gefühlszustände
(auch State genannt)

State wird dadurch definiert, dass exakt Ihr momentaner Gefühlszustand beschrieben wird, durch den Sie folglich die Außenwelt wahrnehmen. Steven Covey beschreibt in seinem Buch „Die 7 Wege zur Effektivität", dass Sie die Fähigkeit besitzen, selbst Ihren State zu wählen. Auch wenn sich das im ersten Moment sehr mechanisch anhört, hat Covey dennoch Recht: Sie entscheiden ausgehend von Ihren Gedanken und Ihren Emotionen selbst, wie Sie sich fühlen.

In welchem State befinden Sie sich und wie nehmen Sie ausgehend davon Ihre Außenwelt wahr?

Situation 1:
Die Sonne scheint hell am Mittagshimmel. Sie sind mit Ihrer Familie und genießen Ihren freien Tag. Während Sie glücklich einen Film im Fernsehen anschauen, klopft es an Ihrer Tür. Sie machen sich keine Gedanken darüber, wer vor der Türe stehen könnte.

Situation 2:
Es ist mitten in der Nacht. Sie schauen alleine einen Horrorfilm auf ihrem FULL-HD-Fernseher, während es

draußen gewittert. Es fühlt sich in Ihrem Körper an, als ob Sie diesen Film selbst erleben. Die Emotionen türmen sich und Ihr Gefühlszustand verändert sich. Sie hören den Wind und fühlen die Kälte. Plötzlich hören Sie ein Klopfen an der Türe: Klopf, klopf, klopf. Angst überkommt Sie: Wer mag das wohl sein?

Der Unterschied zu diesen Situationen ist der Gefühlszustand (State), in dem Sie sich befinden. Durch diesen nehmen Sie die Außenwelt völlig anders wahr. Sind Sie glücklich unter strahlendem Sonnenschein oder alleine vor Ihrem Fernseher, während es nachts gewittert? Denken Sie an den netten Nachbarn von nebenan oder an den Mörder aus Ihrem Horrorfilm?

Übung: Negativen Gefühlszustand in einen positiven State umwandeln

Besorgen Sie sich für diese Übung ein Blatt Papier und einen Stift. Gehen Sie hierfür in einen ungestörten Raum und schließen Sie die Augen. Atmen Sie 5 Mal tief ein und aus. Denken Sie nun an die letzten 12 Monate. An welche Situation müssen Sie denken, wenn ich Sie frage, wann Sie das letzte Mal negative Emotionen verspürt haben oder extrem sauer waren? Wann hat das letzte Mal Ihre Wut oder Ihre Trauer Ihren Verstand eingenommen? Haben Sie dabei sogar geweint? Waren Sie eifersüchtig? Halten Sie hier inne und versetzen sich 30 Sekunden lang in diese Situation. Erinnern Sie sich an Ihre vergangenen Gefühle. Erleben Sie die Situation erneut in Ihren Gedanken.

Öffnen Sie wieder die Augen und atmen Sie ruhig durch. Notieren Sie nun das Erlebnis auf ein Stück Papier und beschreiben Sie hierbei möglichst genau, Ihren aktuellen Gefühlszustand. Wie fühlen Sie sich im Moment, wenn Sie an diese Situation zurückdenken?

Schließen Sie erneut die Augen und atmen Sie 5 Mal tief ein und aus. Dasselbe wiederholen Sie nun mit einem positiven Ereignis. Denken Sie an die letzten 12 Monate. Welches war Ihr glücklichster Augenblick, oder gar Ihr glücklichster Tag? Wann waren Sie das letzte Mal zutiefst glücklich und haben vor Freude gestrahlt? Halten Sie hier ebenfalls 30 Sekunden inne und erinnern Sie sich an diese Situation.

Öffnen Sie die Augen und greifen Sie erneut zum Stift: Beschreiben Sie die Situation genau.

Resultat:

Merken Sie, zu was Sie in der Lage sind? Sie haben innerhalb von 60 Sekunden Ihren negativ behafteten State in einen positiven umgewandelt. Ich konnte Ihren Gefühlszustand durch einfache Worte ändern. Wie viel Macht besitzen Sie wirklich über Ihr Leben? Sie sind durch Ihr Denken dafür verantwortlich, wie Sie sich fühlen. Sie können Ihren State mit den richtigen Worten und Gedanken innerhalb weniger Sekunden ändern. Seien Sie sich bewusst, dass sich Ihr Denken auf Ihre Emotionen widerspiegelt, durch welche Sie die Außenwelt unterschiedlich wahrnehmen. Achten Sie zukünftig darauf, welche Worte Sie in Ihren Gedanken benutzen und wie Sie mit sich selbst kommunizieren. Kontrollieren Sie Ihren State durchgehend und leben Sie durchgehend in einem positiveren Gefühlszustand.

State ändern

Wann hatten Sie das letzte Mal ängstliche Befürchtungen oder waren sehr aufgeregt über ein Ereignis? Denken Sie an die Zukunft: Ihnen wird sicher etwas einfallen - sei es gesundheitlich, finanziell oder auch nur ein Termin in Ihrem Kalender. Angst und Begeisterung sind entgegengesetzte Emotionen, die wir für ein zukünftiges Ereignis empfinden können. Entweder entscheiden Sie sich für den schlimmstmöglichen Fall und verspüren Angst oder Sie fokussieren sich auf ein positives Ende und fühlen die Begeisterung. Seien Sie selbstbewusst und selbstsicher, wenn Sie stundenlang für eine Prüfung gelernt haben. Seien Sie von sich selbst überzeugt und lassen Sie Angst nicht die Macht über Ihren State ergreifen. Sie haben ein Date? Entspannen Sie sich und zeigen Sie dem anderen Geschlecht, was Sie auszeichnet. Verspüren Sie zukünftig vermehrt positive Emotionen durch gezieltes positives Denken, denn einzig Ihr gesetzter Fokus und Ihre Wahrnehmung entscheiden über Ihre Gefühle.

So kontrollieren Sie Ihren State dauerhaft

Sie können Ihren State gezielt verändern, indem Sie auf logischer Ebene verstehen, wie sich Ihr State aufbaut, und welche Möglichkeiten Sie haben, Ihren Gefühlszustand zu verändern:

1. Physiology

Die Physiology beschreibt die Art und Weise, wie Sie Ihre Körpersprache einsetzen. Versuchen Sie die Arme in die Luft zu strecken, zu lächeln und weit nach oben zu schauen. Machen Sie hierbei eine traurige Geste: Es ist fast unmöglich. Wenn Sie sich hingegen auf Ihren Stuhl fallen lassen und paranoid durch die Gegend schauen, dann wird sich dieser Gefühlszustand ziemlich schnell in Ihrem Körper und in Ihren Emotionen widerspiegeln.

2. Fokus

Welche internen Dialoge führen Sie mit sich selbst? Worauf legen Sie momentan Wert und an was denken Sie? Ihr Fokus beschreibt die Art und Weise, wie Sie mit sich selbst reden und worauf Sie sich dabei fokussieren: Furcht oder Aufregung? Positives oder Negatives? (vergleiche Aufgabe 1)

3. Sprache

Ihre Wortwahl spielt hierbei eine große Rolle: Welche Worte benutzen Sie beim Sprechen? Welche Bedeutung haben Sie an die Worte angeheftet und welche Gefühle werden dabei in Ihnen ausgelöst?

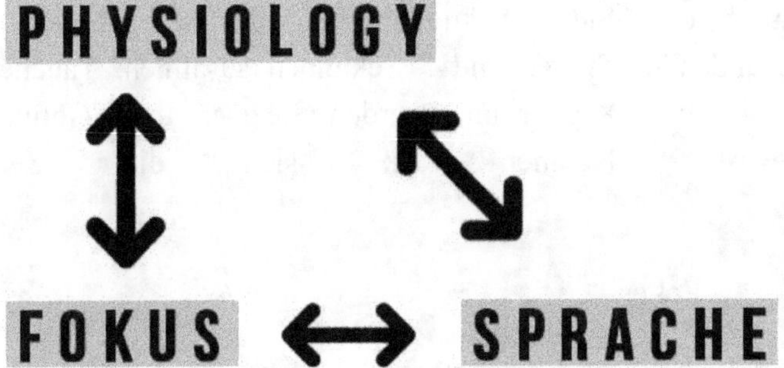

Übung 2: Glücklichkeit im Kopf kreieren

Beobachten Sie bei dieser Übung genau, wie sich die jeweiligen Faktoren positiv auf Ihren State auswirken. Sobald Sie alle Faktoren angewendet haben, achten Sie, wie sich innerer Frieden und Glücklichkeit in Ihrem Körper ausbreitet.

1. Physiology

Setzen Sie sich erneut hin und atmen Sie 8-mal tief ein und aus. Halten Sie hierbei Ihren Rücken aufrecht. Achten Sie darauf, dass Sie 5 Sekunden lang einatmen, weitere 5 Sekunden innehalten und 5 Sekunden ausatmen. Tauchen Sie in Ihren Körper und werden Sie sich Ihrer Gefühle bewusst. Nehmen Sie sich die Zeit.

2. Fokus

Welche Farbe beruhigt Sie? Stellen Sie sich vor, dass Ihr Magen mit dieser Farbe gefüllt ist. Von dort ausgehend verbreitet sich nun die ganze Farbe in Ihrem Körper. Halten Sie weiterhin die Augen geschlossen und lassen Sie die beruhigende Farbe durch Ihren Körper strömen.

3. Sprache

Wiederholen Sie immer wieder die drei Worte: „Gemütlich, warm und entspannt."

Unsere Sinne (Das VAKOG-Modell)

V visuell - sehen

A auditiv - hören

K kinästhetisch - fühlen

O olfaktorisch - riechen

G gustatorisch - schmecken

Wie bereits besprochen, besitzt jeder Mensch eine eigene Auffassung der Welt. Hierbei beeinflussen Ihre Sinne, was oder wie stark Sie eine Situation wahrnehmen. VAK definiert unsere drei Hauptsinne, wobei OG als Nebensinne kategorisiert werden können.

Normalerweise bilden Menschen eine der drei Hauptsinne am stärksten aus, was resultiert, dass Sie beispielsweise besondere Aufmerksamkeit visuellen Ereignissen schenken (z.B. im Kino), wobei Menschen, die vermehrt Ihre kinästhetischen Sinne nutzen, Aufmerksamkeit für Ihre resonierenden Gefühle zeigen. Folglich sind Menschen entweder visuell, auditiv oder kinästhetisch orientiert.

Um Personen auf einer tiefen Ebene zu verstehen, müssen Sie sich erst bewusst werden, über welchen Sinn diese Person die Außenwelt empfindet. Wenn Sie persönlich eine visuelle Person sind, jedoch Ihr Gegenüber kinästhetisch angehaucht, dann wird es Ihnen vorkommen, als würden sie verschiedene Sprachen sprechen.

1. Sie können Ihre Gefühle intensivieren, indem Sie alle drei Hauptsinne gleichermaßen einsetzen.

2. Gehen Sie in einem Gespräch auch auf die Vorlieben des Gegenüber ein, um diesen auf einer tieferen Ebene zu verstehen und mit ihm zu kommunizieren. Indem Sie alle drei Hauptsinne benutzen, lösen Sie stärkere Emotionen aus.

Übung: Wiederaufleben   positiver   Emotionen
Lesen Sie sich die Aufgabe erst durch und wenden Sie sie an sich selbst oder an Ihren Bekannten an. Wiederbeleben Sie eine alte Erinnerung – so real wie möglich:

Schließen Sie erneut Ihre Augen. Denken Sie an eine positive Erinnerung – eine, die in Ihnen ein starkes positives Gefühl auslöst. Entspannen Sie sich, während Sie sich diese alte Erinnerung bildlich vorstellen und atmen Sie dabei entspannt ein und aus. Haben Sie eine Erinnerung vor Augen? Sehen Sie genau, was Sie damals sahen. Intensivieren Sie das Gefühl. Erinnern Sie sich an die Farben dieser Erinnerung. Stellen Sie sich das ganze Geschehen größer vor. Zoomen Sie ran. Erlauben Sie der Erinnerung, klare und deutliche Bilder in Ihren Gedanken zu formen.

Erwecken Sie darüber hinaus noch die Geräusche von damals wieder zum Leben. Hören Sie genau, was Sie damals hörten. Es wird lauter. Die Stimmen und die Geräusche spielen sich in Ihrem Kopf ab, doch es kommt Ihnen immer realer vor. Stellen Sie sich vor, es passiert genau im jetzt.

Sie sehen und hören nun das Erlebnis. Es kommt Ihnen immer realer vor. Wie haben Sie sich damals gefühlt? Fühlen Sie genau, was Sie damals fühlten. Erlauben Sie Ihren Gefühlen, sich in Ihrem ganzen Körper zu verteilen.

Nun sehen, hören und fühlen Sie die Erinnerung. Halten Sie einen Moment inne und genießen das wiederauflebende Erlebnis. Fühlen Sie die Aufregung in Ihnen. Wenn Sie bereit sind, kehren Sie wieder zurück und öffnen Ihre Augen.

Was verraten die Augen Ihrer Mitmenschen?

(NLP: Eye Accessing Cues)

Augenbewegungen sind Indikatoren für spezifische kognitive Prozesse und gleichzeitig eine der wertvollsten, wenn auch umstrittenen Entdeckungen von NLP. Unbewusste Augenbewegungen begleiten oft besondere Denkprozesse und geben den Zugang und die Verwendung bestimmter Sinne wieder. Die Vermutung, dass Augenbewegungen mit gefühlten Sinnen verbunden sein könnten, wurde zuerst vom amerikanischen Psychologen William James entdeckt. Um die folgende Illustration besser zu verstehen, unterteilen wir noch einmal die 3 Hauptsinne (VAK). Die ersten Ansätze, die von William James in englischer Sprache verfasst wurden und bis zum heutigen Tag verifiziert sind, werden im Folgenden deswegen in Originalsprache dargestellt.
Die Pfeile zeigen dabei in die Richtung, in die sich die Augen beim Benutzen eines bestimmten Sinnes bewegen.

AUGENSPRACHE LESEN

V-C:

Visual Constructed

Ein visuelles Ereignis, dass durch das Mischen verschiedener, vergangener und visueller Sinneseindrücke entsteht.

Beispiel: Stellen Sie sich vor, wie Sie in 20 Jahre aussehen.

V-R:

Visual Remembered

Ein visuelles Ereignis, das Sie ständig unterbewusst wahrnehmen oder jeden Tag sehen.

Beispiel: Wie sieht Ihre Haustüre aus?

A-R:

Auditory Remembered

Ein auditives Ereignis, dass Sie leicht rekonstruieren können, da Sie es schon mal gehört haben.

Beispiel: Was ist Ihr Lieblingssong?

A-C:

Auditory Constructed

Ein auditives Ereignis, dass Sie sich zuerst vorstellen und konstruieren müssen.

Beispiel: Ein Gespräch, welches niemals stattgefunden hat.

A-ID:

Auditory Internal Dialogue

Ein auditives Gespräch, welches innerhalb Ihrer Gedanken stattfindet und dass Sie mit sich selbst führen.

Beispiel: Gedankengang und Sorgen um die anstehende Prüfung.

K-I:

Kinesthetic Internal

Emotionen, die intern ausgelöst wurden.

Beispiel: negative Emotionen, verursacht durch Beziehungsprobleme.

K-E:

Kinesthetic External

Ein Gefühl, dass Ihnen extern zugefügt wird.

Beispiel: Ein Schlag auf den Arm.

Aufgabe:

Lesen Sie die Gedanken Ihrer Mitmenschen

Wenden Sie diese Aufgabe bei Ihren Bekannten an und achten Sie exakt darauf, wie sich die Augen Ihres Gegenübers bei der jeweiligen Fragestellung verhalten. Vergleichen Sie die Resultate mit der Illustration auf der vorangehenden Seite.

1. Visualisieren Sie möglichst genau Ihr Wohnzimmer.

2. Stellen Sie sich bildlich vor, wie Sie aussehen, wenn Sie 20 Jahre älter sind.

3. Welcher Song ist Ihr absoluter Lieblingssong?

4. Wovor fürchten Sie sich am meisten?

5. Wie wäre ein Mensch, der das Gegenteil von Ihnen ist?

6. Welche Geheimnisse haben Sie, die Sie niemandem erzählen?

7. Was haben Sie von Ihren Eltern über das Leben gelernt?

8. Wen bewundern Sie?

9. Wo fühlen Sie sich am wohlsten?

10. Wann waren Sie das letzte Mal richtig nett zu sich?

Notiz zu schwierigeren Fragen (hier: Frage 3)

Achten Sie exakt auf die unterschiedlichen Augenbewegungen. Schauen Sie erst nach oben, visualisieren Sie sich beispielsweise die Band oder eine bestimmte CD. Sobald Sie mittig schauen, konzentrieren Sie sich auf die Musik. Fällt Ihr Blick jedoch weiter runter, fühlen Sie bestimmte Emotionen und verbinden die Musik mit vergangenen Ereignissen.

Submodalitäten

Submodalitäten untergliedern im NLP unsere fünf Sinnessysteme. Kombination und Abfolge bilden hierbei den Grundbaustein des subjektiven Erlebens einer Situation oder vergangenen Erinnerung. Hierbei haben Submodalitäten viele verschiedene Verwendungsmöglichkeiten. Eine bezieht sich hierbei auf die Intensität interner Erfahrungen. Sie können jede positive Erfahrung aufnehmen. Durch Verstärkung der Submodalitäten haben Sie die Möglichkeit, diese bedeutsamer und vergnüglicher zu machen. Ebenfalls können Sie dies bei negativen Erfahrungen anwenden, indem Sie einfach die Submodalitäten verändern und somit die Erfahrung weniger bedeutsam machen. Dies gibt Ihnen die Freiheit, mehr emotionale Kontrolle über sich selbst zu erlangen und Ihre mentalen Prozesse effektiver zu nutzen.

Beispielsweise können Sie die Bilder einer bestimmten Erinnerung in Ihrem Kopf größer oder kleiner stellen und so Ihre Emotionen im Körper verändern. Dadurch haben Sie direkten Einfluss auf die Bedeutung einer Sache, folglich Ihrer Emotion und können so bessere Ergebnisse erzielen. Sehen Sie sich selbst als Regisseur Ihres eigenen Denkens und verstärken (oder schwächen) Sie die Emotionen ab.

Die Submodalitäten unserer Hauptsinne (VAK)

Visuell:

- Helligkeit
- Farbe
- Größe
- Bewegung
- Fokus

Auditiv:

- Geräusche
- Lautstärke
- Stereo/Monosound
- Rhythmus

Kinästhetisch:

- Gefühle
- Intensität

Aufgabe:

Intensives Wiederaufleben positiver Emotionen

In der vorletzten Aufgabe haben Sie eine alte Erinnerung wieder durchlebt und sich an vergangene Emotionen erinnert. Nun wollen wir diese intensivieren, indem wir verschiedene Submodalitäten anwenden. Lesen Sie die Aufgabe einmal durch und wenden Sie dann diese Übung bei Ihnen oder bei Ihrem Gegenüber an.

Setzen Sie sich erneut hin. Denken Sie erneut an ein Ereignis, welches Aufregung in Ihnen auslöst. Es ist in Ordnung, wenn Sie hierbei die Erinnerung von vorhin nehmen.

Schließen Sie die Augen, wenn Sie sich bereit fühlen und versetzen Sie sich langsam wieder in die Erinnerung. Fallen Sie langsam wieder zurück in das vergangene Ereignis, welches in Ihnen starke positive Gefühle auslöst.

Stellen Sie sich die Situation bildlich vor. Sehen Sie, was Sie damals gesehen haben. Während Sie sich in diese Situation hineinversetzen, werden wir Ihre Submodalitäten ändern, um zu sehen, wie sich das auf Ihre Emotionen auswirkt.

Ich möchte, dass Sie nun die Bilder heller stellen, als hätten Sie einen Knopf dafür, den Sie langsam aufdrehen. Daraufhin vergrößern Sie Ihr visuelles Ereignis und zoomen hinein. Erlauben Sie diesen Bildern, dass Sie außerdem heller werden. Nun denken Sie zurück an die Farben und rekonstruieren das gesamte Bild. Wie wirkt sich das auf Ihre Emotion aus?

Falls noch nicht passiert, spielen Sie den Sound dieser Erinnerung wieder ab. Sehen Sie nun durch Ihre eigenen Augen. Erleben Sie die Situation erneut. Schauen Sie sich um. Was sehen Sie?

Erhöhen Sie die Lautstärke – ähnlich wie in einem Dolby Digital Kino – bis Sie von überall vergangene Geräusche hören. Hören Sie, was Sie damals gehört haben. In welchem Bereich fühlen Sie die Aufregung in Ihrem Körper? Intensivieren Sie dieses Gefühl und erlauben Sie, dass sich dieses Gefühl in Ihrem ganzen Körper ausbreitet. Was haben Sie damals gedacht? Ich möchte, dass Sie die Lautstärke dieser Erinnerungen erhöhen. Nehmen Sie sich die Zeit und fühlen Sie die Aufregung.

Ich möchte nun, dass Sie aus der Erinnerung herauszoomen, ähnlich als würden Sie einen Film im Fernsehen anschauen. Entfernen Sie sich langsam immer mehr. Das Bild wird schwarz/weiß. Das Geräusch wird stumm. Sie entfernen sich immer mehr. Das Ereignis ist so weit weg, Sie können es kaum mehr sehen. Was geht nun in Ihrem Körper vor? Wie schwach werden nun die Emotionen?

Einer der vorteilhaften Aspekte der Submodalitäten ist es, die Bedeutung einer Erfahrung, welche der Verstand auf natürliche Art und Weise erzeugt, gezielt zu intensivieren oder abzuschwächen. Es gibt Ihnen die Möglichkeit, bestimmte Aspekte Ihres Lebens absichtlich zu verändern.

Motivation vs. De-Motivation

Schließen Sie für eine Minute die Augen und stellen Sie sich eine Situation in Ihrem Leben vor, in der Sie hochmotiviert waren.

Das Gleiche wenden Sie ebenfalls für eine Zeit an, in der Sie nicht motiviert waren und fühlen die Unterschiede.

Motivierte Zeit im Vergleich zur unmotivierten Zeit:

- Bilder sind größer

- Mehr Bewegung in Ihrem Kopf

- Farbig

- Laut

- Intensiv

Da Sie nun die Unterschiede kennen, wie sich motivierte Gedanken im Vergleich zu unmotivierten Gedanken in Ihrem Kopf anfühlen, besitzen Sie nun die Fähigkeit, in Zeiten schlechter Motivation die Submodalitäten in Ihrem Denken in positiver Art und Weise zu verändern – selbst mit Dingen, bei denen Sie sich davor nicht motiviert gefühlt haben.

Die folgende Aufgabe wird Sie durch diesen Prozess begleiten:
Denken Sie über eine Aktivität nach, die Sie gerne machen würden, aber für die Sie sich dennoch unmotiviert fühlen.

Beispiele:

- Ich würde gerne Sport machen, aber ich habe einfach nicht die Motivation dafür: Ich mag Sport einfach nicht!

- Ich muss endlich meine Steuererklärung abgeben, aber ich habe einfach keine Zeit!

- Ich will mich selbstständig machen, aber ich habe einfach nicht die Energie dafür!

- Ich würde gerne abnehmen, aber ich schaffe es nicht, mich gesund zu ernähren!

Aufgabe: Erschaffen Sie Motivation aus dem Nichts

Wählen Sie eine Aktivität aus, die Sie gerne ausführen würden, für die Sie jedoch keine Motivation verspüren.

Schließen Sie erneut Ihre Augen. Stellen Sie sich diese Aktivität vor: Was für ein Bauchgefühl haben Sie? Wie fühlen Sie sich dabei? Achten Sie hierbei auf Bilder, Geräusche und Gefühle. Fühlt sich das nach De-Motivation an?

Nun stellen Sie sich diese Aktivität durch die Submodalitäten von Motivation vor: Fügen Sie die Unterschiede Stück für Stück hinzu. Hellere Bilder, vermehrte Bewegung, lautere Umgebung und eine intensivere Farbe.

Halten Sie einen Moment inne und nehmen Sie die Veränderungen wahr. Welche Veränderung fühlen Sie in Ihrem Körper? Was denken Sie nun über die Aktivität und wie hat sich Ihre Meinung darüber verändert?

Erfolgreiche Kommunikation durch den Metaspiegel

Zur einfachen Lösung zwischenmenschlicher Kommunikationsstörungen verwenden wir im NLP den Meta-Spiegel, welcher im Englischen auch oft „Metamirror" genannt wird. „Meta" kommt aus dem Griechischen und bedeutet unter anderem „hinter". Eine Metaposition einzunehmen kann einer Person dabei helfen, die Situation dissoziiert von außen zu betrachten oder die Sichtweise der anderen mit zu berücksichtigen.

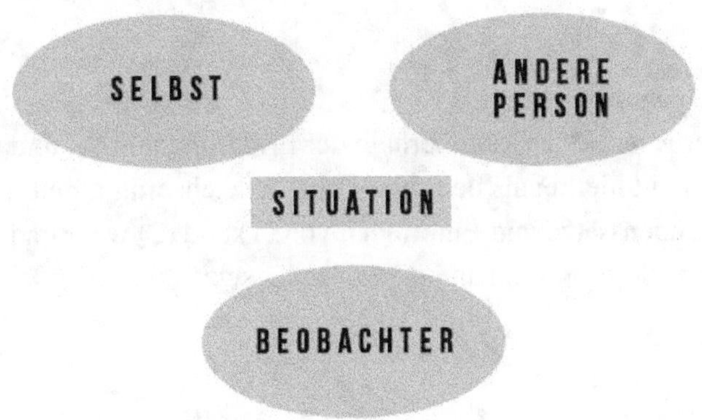

1 Selbst

In dieser Position ist die Person vollständig in Ihrem
Denken verankert und erlebt die Welt aus der eigenen
Sichtweise. Man fühlt hierbei vollständig die eigenen
Emotionen.

2 Andere Person

In dieser Position stellt sich die Person vor, was im Kopf
von der anderen Person vorgeht und versucht dabei, Gefühle
und Emotionen zu verstehen und hierbei
Einfühlungsvermögen zu zeigen.

3 Beobachter

Der Beobachter ist außerhalb der Erfahrung von (1) und (2)
und gilt hierbei als neutraler Punkt. Gleichzeitig nimmt er
Glaubenssätze und Emotionen von (1) und (2) wahr und
kann sie so in Beziehung zueinander setzen.

Durch die drei verschiedenen Sichtweisen ist es möglich, Situationen unter der Berücksichtigung von allen Perspektiven klar und deutlich zu erkennen. So ist es für narzisstische Menschen eine großartige Möglichkeit, die Meinungen der anderen zu berücksichtigen. Andererseits hilft es Menschen, die sich ständig für das Wohl der anderen kümmern, sich der eigenen Bedürfnisse zu widmen. Es ist immer empfehlenswert, alle drei Positionen abzuwechseln, um ein gesundes Maß zu halten.

Ankern (NLP Technik)

Der Prozess der Verankerung ist ähnlich der Konditionierungstechnik, die der russische Mediziner und Psychologe Iwan Petrowitsch Pawlow verwendet, um eine Verbindung zwischen Glockenleuten und Speichelfluss bei Hunden zu kreieren. Pawlow trainierte seine Hunde, um den Klang einer Glocke mit dem Akt des Essens zu verbinden. Er fand heraus, dass er schließlich nur die Glocke läuten musste, und die Hunde begannen zu sabbern, selbst wenn kein Essen vorgelegt wurde.

Sie haben sich bereits viele Anker in Ihrem Leben gesetzt. Das ist ein natürlicher Mechanismus des Gehirns und verläuft automatisiert. Das heißt, Sie lernen in diesem Kapitel, sich über diesen Mechanismus bewusst zu werden und ihn in Ihr Leben zu implementieren, um nachhaltig Ihr Leben zu verbessern.

Sobald Sie sich in einem intensiven Gefühlszustand befinden und ein spezifischer Stimulus auf dem Höhepunkt dieser Erfahrung angewendet wird, dann werden beide Faktoren neurologisch miteinander verbunden und es entsteht durch Ursache und Wirkung ein Anker. Ich möchte so weit gehen und behaupten, dass fast alle Dinge im Leben mit einem Stimulus verankert sind, seien es positive oder negative. Das heißt, Ihr emotionaler State wird ständig durch unbewusst gesetzte Anker verändert.

Beispiele für verschiedene Anker

Visuell

- Körpersprache
- Markenzeichen
- Getränke
- Personen
- Essen
- verschiedene Farben
- Symbole

Auditiv

- Akzent
- Musik (beispielsweise passend zu einer vergangenen Beziehung)
- Stimme eines Freundes
- Polizeisirene

Kinästhetisch

- Umarmung

- Sonne

- Warmes Bad

- Arbeitsklamotten

- Warmes Kissen am Morgen

Olfaktorisch

- Parfüm

- Duft einer Speise

- Zigarettenduft

- Rummelplatz

Gustatorisch

- Lieblingsessen

- Alkohol

Anleitung für einen erfolgreichen Anker

Der Prozess des Festlegens eines Ankers wird im Folgenden beschrieben. Nehmen Sie sich die Zeit, diesen Prozess immer wieder zu wiederholen und zu verinnerlichen. Wenden Sie außerdem diese Technik bei sich selbst und Bekannten/Freunden an.

Beim Festlegen eines Ankers ist es wichtig, dass Sie die folgenden vier Schlüssel zum Ankern berücksichtigen, die es Ihnen ermöglichen, mit Ihrer Verankerung präzise zu sein:

1) Intensität

2) Timing

3) Einzigartigkeit des Ankers

4) Reaktivierung

Intensität

Bevor Sie etwas Besonderes ankern, möchten Sie die Intensität des aufkommenden States weitgehend aufbauen: Je intensiver die Erfahrung ist, desto schneller lernen Sie aus dieser und umso schneller kann eine Verbindung hergestellt werden. Nehmen Sie sich deshalb die Zeit, um sich selbst oder Ihre Zielperson in diesen Zustand führen. Nutzen Sie hierfür die Methoden, die Sie in den vorangehenden Kapiteln gelernt haben, um Ihre Emotionen zu intensivieren.

Timing

Wenn Sie einen Anker setzen, ist das Timing ein weiterer wichtiger Faktor: Zu früh oder zu spät und Sie werden die Spitze der Emotion verfehlen und die daraus folgende Assoziation wird deutlich geringer ausfallen. Der Schlüssel dabei ist, darauf zu achten, wann Sie oder Ihre Zielperson an der Spitze Ihres Gefühlszustandes sind. Setzen Sie an der Spitze Ihren Anker und halten Sie hier für einige Sekunden inne.

Einzigartigkeit des Ankers

Es ist wichtig, einen einzigartigen Anker auszuwählen. Beispielsweise eine besondere Handbewegung, mit der Ihr Gehirn jedes Mal die Verbindung zu einem spezifischen Gefühl herstellen kann. Wiederholen Sie den Vorgang des Ankerns mehrmals, um den Anker zu verinnerlichen.

Reaktivierung

Wenn Sie sich selbst verankern, stellen Sie sicher, dass der Anker aktiviert werden kann, ohne ungeeignet auszusehen oder eine besondere Handlung ausführen zu müssen. Beispielsweise ist das Drücken eines Daumens und Zeigefingers gut geeignet.

Mapping across: Selbstbewusstsein stärken (NLP Technik)

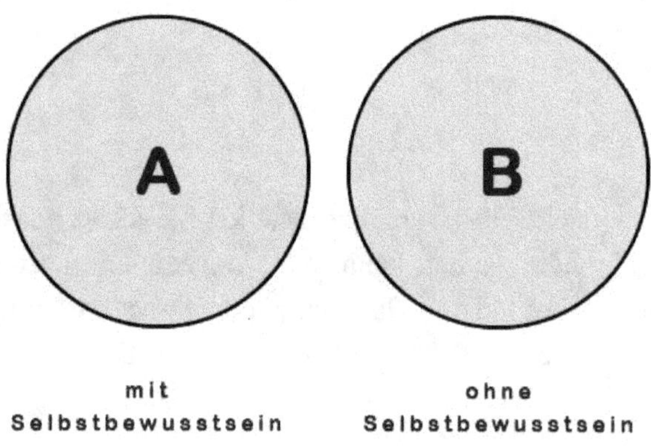

„Mapping Across" bezeichnet den Vorgang, die vorteilhaften Submodalitäten eines Inhalts A auf den Inhalt B zu übertragen. Dabei können wir uns die Ressourcen (Denken/Glaubenssätze) eines Inhalts A „ausleihen" und im anderen Bereich, in dem wir nicht derartig ausgeprägte Fähigkeiten besitzen, anwenden. So können wir uns auf natürliche Art und Weise in der Ausführung von B selbstbewusst und sicher fühlen und zugleich Ängste vermindern.

Ablauf

1. Definieren Sie genau, in welchem Bereich Sie sich unsicher fühlen (B). Stellen Sie dem eine Aktivität gegenüber, in der Sie ausgeprägte Stärken und Fähigkeiten besitzen (A).

2. Setzen Sie einen intensiven Anker in Situation A. Dies kann einige Tage oder Wochen dauern. Sobald Sie jedoch einen erfolgreichen Anker gesetzt haben, können Sie durchgehend die positiven Gefühle einer Situation auf andere Situationen übertragen.

3. Sobald Sie erfolgreich einen Anker gesetzt haben, fokussieren Sie sich hierbei genau auf Ihre Submodalitäten und intensivieren Sie diesen Anker durch Ihre Hauptsinne (visuell/auditiv/kinästhetisch).

4. Denken Sie nun an Situation B und übertragen Sie alle Submodalitäten. Halten Sie einen Moment inne.

5. Fühlen Sie, wie Ihr Gefühl und Ihre Gedanken über Situation B sich verändern. Oftmals wird die Angst durch ein Gefühl von Aufregung ersetzt und Sie fühlen sich selbstbewusst und zugleich glücklich.

Ziele und Zielsetzung

„Nur wer sein Ziel kennt, findet den Weg."

– Laozi

Was wollen Sie im Leben erreichen und was würde Sie glücklich machen?

Diese Frage können sehr viele Menschen nicht beantworten. Doch wie wollen Sie glücklich werden, wenn Sie nicht genau wissen, was Sie glücklich macht?

Deswegen müssen Sie Ihre Ziele ganz klar definieren. Die Zielpyramide soll Ihnen bei der Bestimmung Ihrer Ziele helfen. Ganz unten sind die alltäglichen Ziele, die das Gerüst der Pyramide darstellen und Ihr Fundament für täglichen Erfolg bilden. Weiter oben befinden sich die mittelfristigen, gefolgt von Ihren langfristigen Zielen.

Zeichnen Sie die Pyramide ab und füllen Sie diese mit Ihren eigenen Zielen aus. Hängen Sie es an einen Ort, an dem Sie oft vorbeilaufen und die Zielpyramide unterbewusst aufnehmen.

Die Zielpyramide

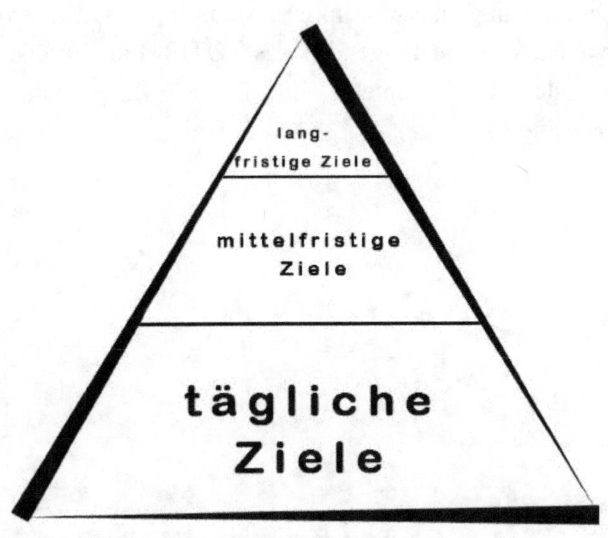

Das TOTE-Modell zum Erreichen Ihrer Ziele (NLP-Technik)

Da Sie nun genau wissen, was Sie in Ihrem Leben erreichen wollen, wird im Folgenden das TOTE-Modell erklärt. Dies ist darauf konzipiert, Ihnen die Zielerreichung zu erleichtern.

T EST

O PERATE

T EST

E XIT

Ablauf

Test

Meistens wird der erste Zustand von einem externen Ereignis ausgelöst, welches Sie motiviert, ein bestimmtes Ziel zu erreichen. Nutzen Sie diese Emotion, um Ihr Ziel klar und deutlich zu definieren.

Operate

Operate definiert die Handlung, die Sie zum Erreichen Ihres Zieles ausführen. Hierzu gehören sowohl externe Handlungen (Sport/Lernen), als auch interne Prozesse (Denkprozesse/Gefühle).

Test

Überprüfen Sie nach einem festgelegten Zeitraum, ob Sie ihr Ziel bereits erreicht haben. Wenn nicht, gehen Sie erneut zum Punkt Operate zurück. Ist Ihr Ziel zu hoch gesetzt, können Sie nun nach der ersten Zeit Ihre Ziele neu definieren und anpassen, beziehungsweise angleichen.

Exit

Der erwünschte Zustand wurde erreicht, sobald das Ziel
erreicht ist. Sie können sich nun auf neue Ziele und
Gedanken konzentrieren.

Zielsetzung am Beispiel von Abnehmen

1. Sie sehen eine Videoaufnahme von sich selbst, in der Sie bemerken, dass Sie in der vergangenen Zeit zugenommen haben. Schnell definieren Sie Ihre Ziele: 5 Kilogramm Gewichtsverlust in 2 Wochen.

2. Sie fangen an zu trainieren und sich gesund zu ernähren. Gleichzeitig verändern sich Ihre Denkprozesse im Gehirn und Sie überlegen von nun an, welche Lebensmittel Ihnen helfen könnten, Ihr Ziel zu erreichen.

3. Eine Woche später ist es an der Zeit, das Resultat anzusehen: Die Waage zeigt einen deutlichen Gewichtsverlust. Sie müssen keine Änderungen vornehmen.

4. Insgesamt zwei Wochen später haben Sie Ihr Ziel erreicht und können sich nun neuen Projekten widmen.

Newsletter und Bonustechniken

Wir sind fast am Ende angelangt. Selbstverständlich habe ich als kleines Dankeschön einen kostenlosen Newsletter auf meiner Webseite für Sie eingerichtet, der Sie monatlich über meine neusten Erkenntnisse, Lektionen, Bücher und auch Online-Kurse informiert.

Sie haben sicherlich etwas gegen Spamnachrichten - genauso wie ich: Aus diesem Grund erhalten Sie meinen Newsletter maximal zwei Mal im Monat.

Als Willkommensgeschenk sende ich Ihnen einen Bonus in Form einer meiner beliebtesten NLP-Methoden zu, die ich im täglichen Gebrauch anwende:

Die 1985 von Richard Bandler beschriebene „Swish-Pattern" Technik hilft mir unter anderem bei folgenden Problemen:

- Zwanghafte Verhaltensweisen zu unterbrechen.

- Ein zwanghaftes Verhalten (beispielsweise eine Sucht) auf ein Thema zu übertragen, zu dem man sich wenig motivieren kann.

- Kinästhetische Vorteile wie das Lindern von Schmerzen zu erzeugen.

Sie können sich hier für den Newsletter eintragen:

www.ApoXT.de/Newsletter

Haben Sie realistische Vorstellungen

An dieser Stelle möchte ich betonen, dass ich ebenfalls Tage habe, an denen ich mich schlapp und energielos fühle. Es ist unmenschlich zu glauben, dass ein Individuum jede Sekunde mit einem Lächeln durchs Leben schreiten kann. Was ich mir durch die jahrelange Lehre von NLP beigebracht habe, ist, ein emotional stabiles und glückliches Leben zu führen.

Sie haben in diesem Werk viele Informationen komprimiert durchgelesen. Kehren Sie zu manchen Passagen immer wieder zurück und versuchen Sie, alles auf logischer Ebene zu verstehen und Stück für Stück in Ihr eigenes Leben zu implementieren.

Ich möchte mich an dieser Stelle nochmal für die aufgebrachte Zeit bedanken und hoffe, dass Sie durch die Lektüre dieses Buches Ihr Leben positiv beeinflussen können. Schlussendlich möchte ich betonen, dass Sie Gewohnheiten (in Form von internen Prozessen und Denkweisen), die Sie Ihr Leben lang unbewusst ausgeführt haben, nicht von einem Tag auf den anderen ändern können. Sie müssen konstante Veränderung bewilligen, indem Sie täglich Ihrer internen Prozesse bewusst werden und Ihre Emotionen selbst steuern können.

Denken Sie auch gerne daran, mir Ihre ehrliche Meinung zu diesem Buch in Form einer kurzen Rezension zu hinterlassen, damit es mir möglich wird, noch mehr Menschen über eine positive Lebensumwandlung aufzuklären.

Ihr ApoXT

Bonus: Schlüssel zur Selbsterfahrung

Ein wichtiger Punkt in Bezug auf Selbsterfahrung ist die tägliche Meditation. Seien Sie sich bewusst, was im Inneren Ihres Körpers und Ihrer Gedanken abläuft. Hier finden Sie eine Schritt für Schritt Anleitung, wie Sie richtig meditieren.

1) Setzen Sie sich gemütlich hin, dabei ist die genaue Körperhaltung irrelevant. Versuchen Sie, nicht einzuschlafen. Ob Sie Ihre Augen schließen oder geöffnet lassen, ist dabei unwichtig. Stellen Sie Ihren Wecker: Drei bis fünf Minuten sind für den Anfang vollkommen ausreichend.

2) Konzentrieren Sie sich voll und ganz auf Ihre Atmung. Wenn Ihnen das schwerfallen sollte, fokussieren Sie sich auf Ihre Umgebungsgeräusche.

3) Werden Sie sich aufkommenden Gedanken bewusst und akzeptieren Sie diese völlig. Urteilen Sie hierbei nicht über "gute" und "schlechte" Gedanken. Fokussieren Sie sich einfach wieder auf Ihre Atmung oder die Geräusche. Lassen Sie die Gedanken kommen und gehen. Schenken Sie diesen keine Aufmerksamkeit. Konzentrieren Sie sich ganz auf sich selbst.

4) Das Kreisen der Gedanken ist besonders am Anfang vollkommen normal und zeigt eindrucksvoll, wie viele unwichtige Gedanken über den Tag im Kopf umherschwirren. Das Kreisen wird mit jedem Meditationsversuch abnehmen – ganz verschwinden werden Ihre Gedanken jedoch nicht, was auch nicht das Ziel der Meditation ist.

5) Tägliche Wiederholung: Es bringt Ihnen deutlich mehr, wenn Sie sich täglich diese fünf Minuten Zeit nehmen, als wenn Sie plötzlich die gesamte Meditationszeit in zwei Sitzungen nachholen wollen.

6) Sie werden schon nach wenigen Tagen feststellen, dass Sie viel Zeit durch Meditation einsparen werden. Es ist deutlich einfacher, mit einem klar fokussierten Verstand den Alltag effizient zu bewältigen.

Quellenverzeichnis

Ein besonderer Dank geht an all meine Mentoren, die die
Grundsteine des NLP nach 1975 legten. Das Buch „NLP-
Akademie" stammt aus den Lehren vieler verschiedener
Werke:

Jacobson S.:
Meta-Cation Prescriptions for Some Ailing Educational
Processes. Cupertino, CA., Meta Publications, 1983

Stevens J.:
Neurolinguistic programming, in Herink R (ed): The
Psychotherapy Handbook, New York, Meridan Books, 1980

Dilts R:
Roots of Neurolinguistic Programming. Cupertino, CA.,
Meta Publications, 1983

Bandler R., Grinder J.:
Frogs into Princes, Moab, UT. Real People Press, 1979

Bandler R., Grinder J.:
Reframing: Neurolinguistic Programming and the
Transformation of Meaning.Moab, 1982

Cameron, Bandler L.:
They lived Happily Ever After, Cupertino, CA. Meta
Publications, 1978

Lankton S.:
Practical Magic, Cupertino, CA, Meta Publications, 1980

Grinder J., Bandler R:
The Structure of Magic. Palo Alto, CA. Science and
Behaviour Books, 1976

Grindler J, Bandler R.:
The structure of magic: a book about language and therapy.
Oxford: Science and Behaviour; 1979

Thomson G.:
Magic in practice: introducing medical NLP — the art and
science of language in healing and health. London:
Hammersmith Press, 2008

Ismail K, Winkley K, Rabe-Hesketh S.:
Systematic review and meta-analysis of randomised
controlled trials of psychological interventions, Lancet,
2004

Alam R, Sturt J, Lall R, Winkley K.:
An updated meta-analysis to assess the effectiveness of
psychological interventions delivered by psychological
specialists and generalist clinicians on glycaemic control
and on psychological status, Patient Educ Couns, 2009

Lamb SE, Hansen Z, Lall R, et al.:
On behalf of the Back Skills Training Trial investigators
Group cognitive behavioural treatment for low-back pain in
primary care: a randomised controlled trial and cost-
effectiveness analysis, Lancet, 2010

Heap M.:
Neurolinguistic programming - an interim verdict. In: Heap
M, editor. Hypnosis: current clinical, experimental and
forensic practices, London, 1988

Devilly GJ.:
Power therapies and possible threats to the science of
psychology and psychiatry, Aust Psychiatry, 2005

Downs SH, Black N. The feasibility of creating a checklist for the assessment of the methodological quality both of randomised and non-randomised studies of health care interventions, J Epidemiol Community Health, 1998

Kain Ramsay:
NLP Practitioner Certification Course in the Core Concepts, Methodologies & Principles of Neuro Linguistic Programming

Stipancic M, Renner W, Schutz P, Dond R.:
Effects of neuro-linguistic psychotherapy on psychological difficulties and perceived quality of life. Counselling and Psychotherapy Research, 2010

Einspruch E, Forman B.:
Neurolinguistic programming in the treatment of phobias. Psychother Priv Pract, 1988

Gray R.:
The Brooklyn programme — innovative approaches to substance abuse treatment. A Journal of Correctional Philosophy and Practice, 2002

Impressum – Verlag

Abdullah Guel
Peter-Schegg-Straße 28
87600 Kaufbeuren

Telefon: +49152/56829701
E-Mail: office@apoxt.de

Autor: ApoXT
© Abdullah Gül

www.ingramcontent.com/pod-product-compliance
Lightning Source LLC
Chambersburg PA
CBHW050837260726
48660CB00006B/2288